#NEGROPHILE4LIFE

VKY

ISBN-10 : 1649709668

•**ISBN-13** : 978-1649709660

J'emmerde Vincent Cassel.

VKY

VKY

VKY -Victoria Kabeya- est une auteure et essayiste franco-belge de langue anglaise et française. #NEGROPHILE4LIFE est son dernier ouvrage destiné au marché français.

Introduction

Au lendemain de la cérémonie des César qui s'est tenue le 28 février 2020, Vincent Cassel écrivait #Negrophile4life. Le paternalisme de gauche du monde culturel et audiovisuel français laisse parler son racisme. Cet hashtag insultant n'est pourtant que le reflet de la manifestation d'un apartheid culturel des médias du pays et l'expression du mépris de la politique socialiste à l'égard des minorités. Toutefois, seuls quelques individus ayant l'habitude de combattre la brutalité néocoloniale française quotidienne se sont insurgés sur les réseaux sociaux, s'indignant du caractère réducteur de la remarque de l'acteur. On observe alors la réponse cinglante de Saïd Taghmaoui dénonçant les propos rabaissants de son ancien collègue de travail avec lequel il tourne dans *La Haine* en 1995. Pis encore, d'autres artistes français d'origine africaine ou antillaise se sont contentés d'approuver l'écrit raciste de Vincent Cassel à l'image d'Oxmo Puccino qui lui adresse l'émoji d'un bras levé et du réalisateur Ladj Ly, à la grande stupéfaction des internautes.

Cet essai est une réponse et une explication.

État de la communauté africaine de France

La communauté africaine de France a considérablement régressé du point de vue idéologique et identitaire. Cela s'explique donc par deux facteurs principaux. Tout d'abord, pour le comprendre, nous devons nous plonger dans les racines du mode opératoire du colonialisme français. Celui-ci, tout aussi brutal que les autres régimes coloniaux, peut être perçu comme une extension de la violence coloniale ibérique- à savoir celle du Portugal et de l'Espagne-. Néanmoins, il se veut moins séparatiste que celui des Belges et des Hollandais au Congo et en Afrique du Sud.

Si le colonialisme ibérique, aussi vicieux qu'il fut, agresse l'indigène dans sa dimension physique, il veut que ce dernier soit une partie intégrante de la vie de son empire. On dissimule alors le caractère colonial et esclavagiste derrière un facteur national et impérial commun. Les sujets colonisés sont alors les "autres" membres de l'empire. Puisque les Ibériques subissent le mépris des Européens du nord, le rapport à la race demeure grave, mais ces "Européens de seconde zone", et ce même dans la période coloniale, sont présents dans tous les rangs sociaux en Afrique. Ainsi, le colon portugais peut aussi bien occuper un poste dans les secteurs supérieurs que dégradants.

Cette particularité l'aide à s'immiscer bien plus vite dans le pays colonisé, en créant la confusion auprès des indigènes. Au Congo, les maîtres belges établissent une hiérarchie inconsciente quant à la valeur du Blanc. Le Belge, l'Allemand, le Français ou le Hollandais sont non seulement craints pour leur pouvoir économique, mais aussi pour leurs racines "nordiques". Le Portugais, relégué à la seconde place, est autant méprisé par les Blancs que par certains Noirs eux-mêmes. Mais malgré tout, ce dernier jouit toujours des avantages coloniaux. Cette confusion, quant à la position du colon portugais, favorise son inclusion génétique au sein des indigènes pour y créer des métis utilisés comme futurs alliés contre les Noirs. Ainsi, si les Portugais et Espagnols s'adonnent au corps à corps, au viol et au contact avec les indigènes d'Afrique et d'Amérique latine, ils s'opposent aux Belges qui établissent d'emblée une politique ségrégationniste, et ce même contre leurs progénitures métisses, placées dans les orphelinats. Le Belge applique l'apartheid et porte l'indigène en horreur. Et si le Hollandais cherche à blanchir la race hottentote en Afrique du Sud par les viols massifs, il finira lui aussi par mettre une halte. Le colon portugais et/ou espagnol s'immisce dans la lignée des individus dominés, en ce sens il est un diffuseur de confusion. Bien plus dangereux que le Belge, il ne craint pas de ne faire qu'un avec l'indigène, à entrer dans son sang et à le reconnaître comme sa propre descendance afin que ce dernier ne sache plus sur quel pied danser, tirant un trait ambigu quant au rapport entre colons et colonisés. Aujourd'hui encore des pays comme l'Angola, le Cap-Vert, anciennes colonies portugaises ou même la République dominicaine témoignent des ravages identitaires causés par la période coloniale. Là, le même schéma s'opère. On observe la continuité d'une mentalité coloriste et raciste souvent soutenue par une caste de Métis méprisante se revendiquant fièrement de l'héritage européen et bénéficiant des plus grands privilèges. Le Noir lusophone se retrouve donc emprisonné, portant le colon dans sa tête et dans ses gênes. Et à cette modification génétique s'ajoutent le nationalisme et l'inclusion à l'empire. Le colonialisme français est aussi vicieux que celui du Belge, mais plus modéré. Le Français use de la brutalité pour affirmer son autorité auprès des Africains, mais fait preuve d'une certaine pédagogie, les voyant comme de grands enfants. Il séduit et charme les cœurs des Noirs, tout en les arrachant peu à peu à leur héritage afin que ces derniers rejoignent sa cause. Il n'a nul besoin de s'adonner à un métissage de masse puisqu'il comprend que ce mélange serait dépourvu d'intérêt sans la manipulation de l'esprit. En ce sens, sa mesquinerie est plus fine et ingénue que celle du colon portugais. Il devient la fontaine et assoiffe le sujet colonisé, ce dernier voyant en lui sa survie. Le Français lui offre juste assez de son eau pour résister, soit une quantité suffisante pour ne pas avoir à l'élever à son rang. L'indigène doit demeurer indigène. Le Français est donc un fervent gardien de l'apartheid au même titre que le Belge. Toutefois, le sujet africain dominé par la France souffre le martyre. En effet, le Français a su créer une dépendance affective au cœur du Noir colonisé, qui, dépouillé de sa culture, car visant à imiter le modèle de son maître, se retrouve malheureux, car non reconnu en tant qu'individu à part entière par le Blanc. Le Noir Africain-Français souffre de cette douleur interne et a besoin d'une reconnaissance constante par l'autorité dominante. Ce dernier a su transposer son être dans son esprit et se faire valoir en maître suprême. Prenons par exemple l'affaire de Loïc Kamtchouang.

Ce jeune homme franco-camerounais de vingt-trois ans fut assassiné et lynché par une dizaine de jeunes Noirs dans les rues de Belleville. Ce crime atroce suscita l'indifférence totale de la communauté africaine puisque les meurtriers étaient Noirs. Il n'y eut donc aucune couverture médiatique, aucun soutien de la part des communautés africaines ou des politiciens. Néanmoins, lorsqu'une affaire de violences policières éclate au grand jour, les associations noires de France s'érigent en porte-parole et deviennent protectrices des leurs. Il ne s'agit pas ici d'une quête pour la justice, mais d'une manipulation médiatique. Ils savent que le sensationnalisme pur attire les médias et, derrière ce cri de guerre, se cache un désir de validation par les Blancs. En raison de l'état de décadence communautaire franco-africaine, les membres de cette dernière ne sont pas en état d'exiger quoi que ce soit tant les ruines, le fracas de leur inaptitude à créer, à constituer ne serait-ce qu'une ligne de stabilité, signent l'aveu d'un grand échec. Puisque le Noir de France est émotionnel par nature et inapte à faire preuve de rationalité face aux réalités qui l'entourent, et même de se remettre en question quant à ses contradictions, il s'adonne à la plainte dans la majorité des cas. Alors, il tient son échec de sa grande difficulté à vivre, à penser et à exister par lui-même dans un environnement qui lui est hostile.

C'est donc avec cette mentalité de soumission que les travailleurs immigrés africains émigrent massivement vers la France dans les années 1970. Ceux-ci, fraîchement sortis du régime colonial, se soumettent. Les fils d'immigrés constituant la première génration de Français d'ascendance africaine, vivant dans les cités dortoirs, y trouvent là, la fondation de leur existence et donc de leur mort. Les migrants des années 1970 ne sont pas des intellectuels, mais des travailleurs dans leur majorité. Ceux-là sont dépourvus de la force du savoir. Cependant, leurs enfants déracinés auraient eu de meilleurs avantages s'ils étaient devenus des citoyens français à la double identité assumée. Le Noir de France refuse de reconnaître qu'il provient de l'échec historique africain, de par la décolonisation. Il n'est donc pas un possédant et n'a pas la légitimité à revendiquer une quelconque cause politique puisqu'il ne sait pas exister par lui-même. Et les années 1980 signent sa mort et la naissance d'une seconde forme de colonialisme par le gouvernement socialiste qui manipule et utilise le Nègre, l'indigène de ses banlieues, pour des raisons électorales. Par la création du collectif SOS RACISME, le gouvernement socialiste révèle son dédain pour les immigrés. Ceux-là ont une vision manichéenne et sont aveuglés par les enjeux déguisés s'avérant être de véritables pièges pour les communautés concernées. En effet, considérant les habitants des quartiers comme de grands enfants et les sachant émotionnels, ils les nourrissent du sensationnalisme. Le discours du socialiste ne contredit jamais les émotions de l'indigène. Il est la force qui écoute, accueille et console dans la plainte. Le socialiste est un ami. On entretient donc le sens visuel et musical des banlieusards par la diffusion du rap, tout en leur retirant les livres. Les jeunes sont donc encouragés à se plaindre et non à combattre les mauvais effets de leur condition. En ce sens, les socialistes sont parvenus à faire du banlieusard un grand être irresponsable, affectivement dépendant et à la vision manichéenne dangereuse. Le colon français parvient à faire de son indigène son extension par le biais du processus mental. C'est dans le plus grand sadisme que l'entité coloniale se joue de l'esprit de son sujet. Il l'emprisonne dans sa condition et lui promet une validation potentielle qui n'aboutira pas. Cette suspension est une source de crainte pour l'indigène qui peine à se libérer du joug de l'homme blanc. Alors, puisque le Noir est dépourvu de discernement et a le raisonnement limité, car obsédé par le facteur "couleur", il devient l'ami du socialiste dès que celui-ci lui tend la main, témoignant de son infantilisation et de sa soumission à un paternalisme primaire. Les Noirs français sont en quête d'affection et d'une épaule sur laquelle pleurer, mais tombent dans le piège des Blancs qui les exploitent pour leurs propres gains, qu'il s'agisse de l'art ou de la politique. Il n'y a donc aucune différence entre Le Parti socialiste, le Parti communiste et les radios et médias populaires spécialistes de la culture urbaine. Tous appliquent la même tactique d'infantilisation et affichent un paternalisme vis-à-vis des banlieusards.

La banlieue comme espace colonial

La banlieue française porte le reflet architectural de l'échec historique de ses habitants. Elle est l'espace des bannis, là où le fantôme des individus oubliés évolue dans le plus grand des silences. Tout d'abord désignée comme l'espace des ouvriers blancs en métallurgie, elle est peu à peu remplacée par des vagues migratoires successives sur trois décennies. Or, les politiciens et médias français, par hypocrisie, manipulation, honte ou bien par tabou, se sont appliqués à dissocier la présence des immigrés africains de la période coloniale et des guerres néocoloniales fomentées par les pouvoirs occidentaux. En ce sens, chaque groupe africain ayant migré dans les cités françaises depuis les années 1960, qu'il s'agisse de Maghrébins ou subsahariens, trouve la guerre comme raison justifiant son départ.

Le pouvoir a donc sciemment encouragé les Français à fustiger les conséquences du dysfonctionnement politique sans jamais chercher à se pencher sur les raisons principales ayant laissé fleurir une situation aux conséquences sociales si catastrophiques. Les banlieusards français sont donc suspendus dans l'espace-temps. Entre l'échec de la décolonisation, l'exclusion sociale, la fin de plusieurs mondes et la pauvreté. Ils sont victimes de toutes les diatribes et sont portés au sommet comme les êtres responsables de tous les maux de la France. Alors, la banlieue n'est pas un lieu d'échange culturel, mais plutôt de mort, peuplé par les enfants de l'échec historique africain : celui des indépendances avortées.

Les jeunes parents maghrébins et subsahariens ayant fui les guerres pour la France appartiennent à une génération d'Africains traumatisés, car ayant été les témoins de la barbarie du régime colonial, de la brutalité de la décolonisation, du choc vécu suite aux migrations, du racisme et du rejet une fois arrivés en Hexagone. Déjà fortement amoindris par ces violences successives, ces parents gardent les mécanismes de bon nombre d'indigènes. Ils ont pris l'habitude de courber l'échine face à l'autorité et peinent à transmettre leur savoir à leur descendance. C'est cette deuxième génération -née entre 1970 et 1985- qui se révèle être victime des problèmes de rupture identitaire. Bien que les banlieues soient la sphère des exclus-comme nous l'avons mentionné précédemment- le point de rupture qui se dessinera au milieu des années 1990, notamment marqué par l'arrivée massive des réfugiés de guerre, à l'image de celle des deux Congo, est encore occulté par la prospérité économique et par l'importance de la France sur la scène internationale. On observe une séparation entre la deuxième génération d'immigrés (1970-1985) et celle des derniers immigrés des années 2000. Les premiers souffrent de l'isolement. Ils affirment leur appartenance à la banlieue, mais aussi à la France sans oublier de revendiquer leurs origines. Les nouvelles générations quant à elles rejettent la France et réclament la banlieue comme leur véritable terre d'origine. Elle est un territoire qui prend vie en parallèle. Les réfugiés sont étrangers à l'équilibre identitaire expérimenté par ceux qui les précèdent. Si les fils des immigrés des colonies connaissent le monde ouvrier, les réfugiés sont témoins de la disparition du monde métallurgique. Ils s'établissent dans un monde majoritairement peuplé par des Africains. Ils constituent la génération du choc, de la rage et de la haine. Arrachés à leur terre natale en raison des déstabilisations néocoloniales, ces jeunes grandissent avec des traumatismes non traités. À cela s'ajoute la brutalité de l'exclusion. Tous deviennent des citoyens de seconde zone, soumis au stress et à l'angoisse de vivre sans papiers et donc potentiellement aptes à s'exposer à une nouvelle expulsion choquante. Il existe alors une opposition de comportement entre les fils des anciens colonisés et les réfugiés. Les premiers, bien que méprisés, sont aujourd'hui vantés comme les "bons banlieusards", dépossédés, mais tout de même porteurs des anciennes valeurs de la France du XXème siècle. Or, les réfugiés peinent à se reconnaître en eux, les jugeant inaptes à comprendre la particularité de leur état. L'arrivée des banlieusards-réfugiés souligne, à la fin des années 1990 et 2000, la naissance d'un monde globalisé ayant remplacé l'État-nation, pour la destruction des frontières et de l'identité nationale au profit d'un capitalisme sauvage, favorisant la culture agressive de l'enrichissement semblable à celui des États-Unis. La mondialisation accentue aussi les codes de la globalisation de la pauvreté. On note alors une similitude entre les différentes banlieues européennes. Les individus qui y résident se ressemblent et les codes du crime sont les mêmes. La France a donc encouragé l'émergence d'un sous-état dans l'état aux habitants partageant le même vécu. Les banlieusards français ne sont plus isolés dans leur condition de pauvres, leur expérience étant similaire à celle des Napolitains, des habitants des ghettos de Chicago, de Londres ou de Lisbonne. *Quelle est donc la place de la musique dans tout ceci ?* La musique est aujourd'hui devenue ce pont entre les différents quartiers. Ainsi, dans ce règne capitaliste, la dégénérescence s'est transformée en un signe de virilité et de vengeance face à la souffrance subie et une marque de fierté, exploitée par les médias musicaux blancs de gauche. Cette banlieue représente cet entre-deux, soit un espace réconfortant dans lequel une double identité peut coexister.

D'où provient l'origine du paternalisme médiatique français ?

Pour le comprendre, il nous faut remonter aux premières vagues migratoires africaines dans les cités dortoirs, plus précisément au début des années 1980. La période témoigne de l'avènement d'une nouvelle ère dans le travail associatif. Le collectif SOS RACISME naît et s'infiltre dans la vie des immigrés. Le militant antiraciste se présente auprès de l'individu exclu comme un ami fidèle, le seul à pouvoir comprendre les complexités de sa condition. L'impérialisme s'installe alors et détourne les banlieusards de leur objectif principal, à savoir celui d'être reconnus en tant que Français à part entière. Ces derniers sont donc plongés dans une victimisation dont ils ne sortiront plus jamais. Ils sont infantilisés et gardés dans leur misère afin que celle-ci soit un nid à problèmes exploitables et pour lesquels les politiciens pourront offrir des solutions. Pourtant, une classe de jeunes blancs pauvres issus de la classe ouvrière existe, mais ceux-là subissent le mépris de leurs congénères négrophiles et socialistes. En vérité, les exploitants blancs du monde de l'art se projettent à travers les Noirs des banlieues, qui symbolisent, dans leur imaginaire, le dernier rempart de la virilité et de la force. C'est là que la négrophilie prend tout son sens. L'exploitation de la culture des banlieues

est synonyme de l'érotisation du corps de
l'homme Nègre, de sa sexualité et de ce
que l'homme occidental moderne a perdu.
Le plus démuni parmi ces êtres possède ce
que lui n'a plus. Ce dernier, comme nous
l'avons vu un peu plus haut est maintenu
dans sa condition déplorable afin d'être
dérobée, mais aussi par punition. On
châtie le Noir banlieusard par jalousie.
Pour quelles raisons une communauté, à
savoir celle des Noirs, dominerait-elle à
elle seule le monde des arts ?

Le négrophile blanc hait le Nègre qui le renvoie à son propre échec en tant qu'être dominant. Toutefois, le sujet qui demeure écrasé ne jouira jamais du pouvoir du statut social que possède le négrophile. Ce dernier en joue et y voit là sa force. Le négrophile exclut donc de sa sphère tout Africain qu'il jugerait bien trop révolté le mettant face à ses contradictions de raciste. Il promeut donc des sous-intellectuels aux aptitudes limitées, à l'image des "leaders" communautaires des

Africains de France. Ceux-ci sont désorganisés, illégitimes et visent à promouvoir leur ego avant de défendre leurs croyances. Si les Antillais et les Africains francophones du continent ont brillé dans tous les domaines, aussi bien en littérature, en sciences qu'en sport et en politique, nous ne pouvons pas en dire de même pour les pseudo-intellectuels de l'entre-deux. Les Africains de France n'ont jamais su créer leur propre mouvance, car ayant pour seul intérêt le divertissement et l'obsession pour le facteur "couleur". Le paternalisme de gauche a laissé ses empreintes sur le plan intellectuel des membres de la diaspora. Habitués à l'exploitation, ils se sont considérablement éloignés de l'éducation et notamment de la lecture. Ce désintérêt pour les arts et la connaissance a été nourri par l'assistanat permanent à travers lequel les négrophiles ont réussi à établir un apartheid culturel. Ces Blancs spécialistes de "culture black" sont protecteurs du système pyramidal, réfractaires à l'idée qu'un banlieusard puisse accéder à des privilèges dignement, à moins qu'il ne désire rejoindre et servir ses rangs. Le négrophile aime le Nègre dans sa plus grande sauvagerie, privé de tout, baignant dans la décadence de sa classe, et sa masculinité est aujourd'hui une nouvelle porte de l'exotisme pour les réalisateurs et journalistes comme en témoigne la série *Validé* lancée en mars 2020 sur Canal Plus et produite par Frank

Gastambide. La filmographie médiocre, le réalisateur a su bâtir un empire sur la représentation caricaturale du monde des banlieues. Ses personnages demeurent enfermés dans un schéma social improbable et défaitiste et aucun parmi eux ne pourrait espérer évoluer vers d'autres espaces plus stables. Gastambide sait pourtant combien la France peine à reconnaître le travail de réalisateurs noirs. Il se sait donc privilégié et s'octroie le droit légitime de parler à la place des minorités, au même titre que Mathieu Kassovitz depuis la réalisation du film *La Haine*, en 1995. Les films de Gastambide se tournent davantage vers le mauvais spectre de l'enfermement que de l'épanouissement. Il promeut des messages nocifs rabaissant la dignité des plus pauvres, soit un attrait s'apparentant à du voyeurisme néocolonial déplacé. Si les artistes lui vouent un respect en raison de son travail traitant des banlieues, il ne reste pas moins un exploitant conscient que des avantages lui sont octroyés pour parler à la place des autres. Les jeunes banlieusards acteurs et vedettes de ces films accepteraient-ils de continuer à nourrir une machine destructrice s'ils se savaient exploités ?

Amitié du Blanc négrophile

Le Blanc négrophile est un ami. Un
confident. Celui qui comprend.
Faussement rebelle et cosmopolite, il aime
contredire l'homme blanc conservateur,
mais se garde de se détacher de ses
privilèges. Telle une sangsue, il s'accroche
aux vies des individus les plus méprisés de
la société, car obnubilé par leur routine de
grands démunis qu'il estime amusante.
Cette puissance lui procure une excitation

réelle. Puisqu'il est étranger à la pauvreté et à la misère sociale, il s'en fait le premier témoin en vue de feindre une authenticité inconnue. Son inclusion des minorités s'oppose donc à l'exclusion du Blanc de droite, qui favorise son enrichissement personnel. Celui-ci puise directement dans la source du système néocolonial qu'il a aidé à établir, en terre africaine, afin de maintenir son élévation de façon permanente. Le conservateur sait que la branche des banlieues n'a aucune valeur, étant un échec de l'histoire. Il a conscience que la richesse se trouve sur la terre d'origine des banlieusards. Mais tel un enfant capricieux cherchant à prouver à ses parents que ces derniers ont tort, le Blanc socialiste n'a d'obsession que pour la consécration de son idéologie médiocre et cherche à la faire accepter en usant de l'image du sauveur. Il est celui qui comprend l'indigène, l'accueille, le protège, l'encourage, il rit et partage le pain avec lui sans jamais l'élever à sa table. Le Blanc socialiste est un paternaliste qui n'aurait aucun intérêt à sortir le banlieusard de sa condition sociale. Il est un grand défenseur de la destruction sociale et culturelle qu'il pense bénéfique pour le jeune de cité. La dysfonction de son environnement d'origine serait un socle lui permettant de mieux créer. Le Nègre produit de ses mains, mais le socialiste en devient le propriétaire intellectuel. Lorsque les Noirs créent un mouvement, il est celui qui en explique le processus, croyant avec ferveur que le "grand enfant" ne saurait décrire sa propre invention lui-même. En vérité, le négrophile ne veut pas que les choses changent. Son attrait prononcé pour l'exotisme de l'immigré le pousse à fermer les yeux sur ses semblables qu'il a abandonnés, à savoir la souche des Blancs issus de la classe ouvrière qu'il a trahie. Ce dernier est bien trop terne et une preuve crue de la dure réalité de la vie.

Les Blancs de gauche lanceront leurs médias pour leurs semblables et donneront la parole aux banlieusards si ceux-là entrent dans leur schéma paternaliste et néocolonial. Les questionnements et les revendications devront laisser place à la victimisation. On refusera d'aborder les sujets les plus houleux comme le colonialisme et ses conséquences dans les cités. En effet, le socialiste craint d'être démasqué dans sa mascarade, car se sachant élément principal de l'oppression. Si nous prenons l'exemple du monde audiovisuel, donc celui d'une série télévisée, le protagoniste banlieusard perdu et délinquant trouvera la voie dans les bras d'une femme blanche douce -ou d'un homme blanc pour inversement- et le salut de leur enfant métis. Un Nègre acceptable et intégré a pour signe le métissage. Il rassure. Le Blanc de gauche s'élève contre le racisme du Blanc de droite et d'extrême droite embourgeoisé et déchu de son caractère ouvrier d'antan, dans la façade dès lors que les trois catégories partagent les mêmes privilèges. Ainsi, le socialiste est pour le banlieusard, à la fois l'oppresseur, le créateur de l'oppression, mais aussi le sauveur de l'être écrasé par sa politique. Il est dans ce cas plus dangereux que le conservateur au néo-colonialisme assumé puisqu'il est un vecteur de destruction nocive, mais invisible.

État mental du Nègre de France

Le Noir de France par son état mental a profondément régressé en raison d'une victimisation constante qui fit de lui un bébé spirituel. Toutefois, si nous parlons de victimisation alors nous pensons à soutien et chantage affectif. Puisque le Blanc socialiste est devenu le maître du Nègre, ce dernier craint que cette affection ne disparaisse un jour, au moindre faux pas.

En effet, le Noir africain de France sait qu'il n'est pas prioritaire dans l'échelle affective du socialiste. Ses causes seront bien mieux acceptées et défendues que celles des musulmans, mais pas de la communauté juive. En ce sens, le Nègre est une marionnette dont la reconnaissance affective est en suspens. Le Noir, même s'il est musulman, est d'abord reconnu par sa couleur de peau avant sa religion, celle-ci renvoyant à l'image du "bon ami" encore très présente dans l'inconscient collectif colonial. Elle se veut un peu plus rassurante, car reflétant l'image d'un être docile. Les politiciens français n'ont eu de cesse d'utiliser l'islam comme porte-manteau pour désigner un seul groupe principal, soit celui des Maghrébins à la peau blanche. Le Nègre cause un trouble dans le schéma établi lorsqu'il s'associe à l'ennemi maghrébin. Mais malgré l'obstacle religieux, le Nègre, émotionnel par nature, demeure malléable, car réceptif aux directives du

Blanc, mais pas le Maghrébin. Ce dernier rejette le métissage imposé bien que victime de troubles identitaires et de racisme en raison d'un passé colonial pesant. Par souci de rester sous les bonnes grâces du Blanc de gauche, le Nègre de France vit dans un compromis permanent et n'hésite pas à se tourner contre son propre frère pour l'attaquer ou le trahir. Il est un peureux et craint d'exprimer la vérité en raison d'une potentielle exclusion. L'exemple le plus crucial de ces quinze dernières années témoignant de l'échelle affective gauchiste est sûrement celui de l'affaire Dieudonné. L'humoriste métis né d'une mère blanche bretonne et d'un père camerounais défraye la chronique en 2004 dans un sketch télévisé diffusé en direct dénonçant le colonialisme israélien. Il provoque les médias en s'associant aux côtés du Professeur Faurisson, négationniste de la Shoah et de l'esclavage afin de témoigner de l'influence des lobbys dans l'émotion sélective des faits historiques. Deux ans plus tard, Youssouf Fofana, Franco-Ivoirien de vingt-six ans et chef du Gang des Barbares s'attire les foudres de la France entière pour le meurtre sordide d'Ilan Halimi, jeune juif marocain âgé de vingt-trois ans à l'époque des faits. À une période où YouTube est à ses débuts, Dieudonné est accusé d'être la cause directe de la recrudescence de l'antisémitisme dans les banlieues. Au milieu des années 2000, la télévision et les

journaux sont les seules forces
médiatiques et il devient difficile d'exister
par internet. Boycotté de toutes parts et
menacé de mort, Dieudonné est contraint
de faire face à l'arrêt de ses spectacles. Il
se voit alors dans l'obligation de jouer
dans des bus pour ses fans. Toutefois,
cette méthode s'avère être avant-gardiste,
car l'humoriste comprend qu'une ère
arrive à sa fin. Il anticipe la domination
d'internet qui le propulsera à nouveau
cinq ans plus tard, prouvant à ses

détracteurs qu'il lui était possible
d'évoluer dans la marge. Toutefois, les
personnalités publiques noires ont, à
quelques rares exceptions, évité d'aborder
le sujet tabou. Au contraire, celles-ci ne se
sont pas privées de le fustiger, par peur de
perdre leur place à leur tour, le
pourfendant publiquement. Cependant,
on observera alors un fort soutien de la
part des Blancs de souche -ceux-là même
délaissés par les socialistes bourgeois- et
de la communauté maghrébine qui

assistent aux spectacles de l'artiste. Les Noirs quant à eux se sont soumis, Dieudonné ayant osé critiquer la politique israélienne et son lobby. Affolés à l'idée de représailles et se sachant moins importants que la communauté juive aux yeux de la gauche -comme en atteste le discours de Manuel Valls en mars 2014- tous gardent le silence. Le cas de Dieudonné souligne l'existence d'un problème de race et de classe sociale face à la pression d'un certain lobby capable de déstabiliser et d'écraser une minorité et qu'une échelle des valeurs existe entre les groupes des dominés. Toutefois, le soutien arrive par surprise et notamment par certaines personnalités métisses, à l'image de Yannick Noah ou de Tony Parker. D'autres artistes blancs comme Clémentine Célarié ou Alexandre Astier attestent du talent de l'humoriste. Mais pas les artistes noirs. Pas même les rappeurs les plus durs.

Qu'en est-il dans le rap game ?

Le rappeur français est un grand enfant et est une extension de la vision coloniale. La réussite sociale qui lui est attribuée par le biais de son succès musical comble le traumatisme du rejet subi tout au long de son existence. Celui-ci est une autre forme d'acceptation. Il s'élève dans les rangs grâce au vedettariat, mais demeure un être inférieur et méprisable pour celui qui l'exploite. Comme pour ses semblables, il est un individu craintif à l'attitude double, qui scelle son héritage artistique sur le concept de la dualité. Il feint de représenter le danger auprès des plus jeunes de sa communauté, mais se montre plus docile face aux patrons de sa maison de disques. Lorsqu'il se rebelle, le rappeur n'a qu'un seul ennemi acceptable, à savoir l'homme blanc français de souche et se mure dans le mutisme quand d'autres communautés s'en prennent à son peuple.

La popularité du rappeur français provient en grande partie de l'utilisation de son imagerie brutale et sauvage elle-même appuyée par son ami négrophile socialiste. En ce sens, il est la vitrine d'un monde inexistant, le pantin de son entourage, un lâche communautaire car dépourvu de toute estime et de respect envers les siens. Toutefois, puisqu'il appréhende que son jeu ne soit démasqué, le socialiste négrophile façonne son élite parmi un groupe sélectionné d'anciens banlieusards étant parvenus à sortir de leur milieu social d'origine, pour les placer à la tête de ses médias. Ces journalistes, chroniqueurs, artistes maghrébins et subsahariens répètent à leur tour les mêmes mécanismes, eux, les vecteurs de la pensée de leurs maîtres. Les membres de cette nouvelle élite n'ont aucun scrupule à encourager la plainte qui prive tout individu de l'indépendance intellectuelle et spirituelle. Cette élite a pour prolongement le rappeur puisque celui-ci trouve en cette nouvelle intelligentsia socialiste et cosmopolite son appui et canal. Puisqu'il est un agent double, le rappeur est par essence négrophobe. Il vante le mal, le capitalisme sauvage, le meurtre et la brutalité pour ses propres frères, et le négrophile ne se cache pas pour s'amuser de certaines situations grotesques. Face aux rixes dans les aéroports, aux clashs musicaux interposés ou aux menaces de mort, l'industrie du spectacle se joue de toutes ces choses y voyant là une source de moqueries. Les rappeurs issus des cités ne sont que de nouveaux « bouffons du roi » sur lesquels les médias libéraux déversent leur plus grand dédain et ce, toujours dans la subtilité télévisuelle.

Nous vivons une crise humaine en Occident et le rap en est la bande-son.

Le rap est aux années 2010 ce que le disco fut aux années 1970. Avec moins de joie, moins d'espoir et moins de folie. Qui aurait pu croire que cette musique importée en France dans les années 1980 par le biais de la caste journalistique de la gauche parisienne adepte du Palace, allait devenir le symbole de toute une génération rongée par le désespoir et la désillusion, près de quarante ans après son lancement ? Si les puristes du hip-hop français affirment que le « rap était mieux avant », c'est que ceux-ci s'adonnent à une hiérarchisation des souvenirs. Ces derniers prétendent que leur époque était meilleure que la nouvelle en triant les anomalies qui, dès les années 90, étaient révélatrices de l'avènement de la chute sociale que nous expérimentons aujourd'hui. Le rap n'était pas mieux avant, l'espoir était simplement encore assez grand pour contrer le désenchantement caché. Aujourd'hui, à l'aube de la naissance d'une nouvelle décade, nous, les enfants de l'Europe et donc de l'Occident, vivons une crise humaine sans précédent. Une crise non humanitaire, mais humaine. Celle-ci se caractérise par l'accentuation de cas de dépression, par le manque d'amour propre et par un choc spirituel important. Puisque la technologie a remplacé le divin, nous avons été pour la plupart conduits à construire une vie stable selon les critères sociaux ; par les études, l'obtention d'un travail et d'un salaire en vue de subvenir aux besoins de notre propre famille. Toutefois, rien n'a été fait pour nourrir la santé mentale. Il aurait été préférable d'instruire la jeunesse sur l'importance de l'épanouissement personnel. Celle-ci fut, au contraire, conditionnée pour supporter les conséquences des décisions que nous n'avons jamais choisies et à nous compromettre en tout, pour rentrer dans la norme et ne surtout pas éveiller les soupçons. Qu'il y aurait-il de pire que de passer du côté de la ligne rouge ? Là où ont basculé les drogués au crack, les suicidaires, les prostituées, les marginaux, les schizophrènes qui ont craqué face à la pression sociale ? L'explosion des réseaux sociaux tels que Instagram ou Snapchat, la puissance des programmes de télé-réalités dans nos espaces ont favorisé l'absence identitaire des individus et l'expansion de l'esprit d'idolâtrie en vue de combler la disparition de la quête du divin. Avec les réseaux on tente de se construire superficiellement en l'autre, à travers l'autre, en omettant de se redonner à soi, la valeur nécessaire. Nous avons donc un rapport à notre propre corps et à notre propre condition sociale qui n'est pas naturel. Nous avons fait de la dissociation une réalité en vue de survivre et de supporter l'horreur du quotidien. Nous ne disparaissons pas. Ainsi, les individus ne sont plus, mais "feignent de" calculent leurs faits et gestes, tentant de coller à une image surfaite et présentée sous un meilleur jour. Nous sommes donc confus et souffrons d'un trouble humain puissant. En raison de la crise spirituelle que nous traversons, nous pouvons affirmer que les esprits n'auront jamais été autant en contradiction avec le matériel qu'à notre époque. La sphère occidentale épate le monde par ses progrès en techniques matérielles et technologiques. Notre espace s'inscrit dans un monde où tout va toujours plus vite en tout, mais celui-ci s'oppose à une misère humaine incroyable et à une perte du caractère humain. Notre superbe technologie sert à combler notre manque intérieur et notre manque d'estime de nous-mêmes par des *likes*, mais aussi à alimenter le système de la guerre. Ainsi, c'est la culture de la Mort qui est nourrie dans les deux cas, qu'il s'agisse de la mort physique et de la mort humaine. Pourtant, personne ne demande aux nouvelles générations leur avis quant aux tensions sociales et à l'omniprésence de la guerre bien que celle-ci soit la cause de la dégénérescence présente au sein de tous les jeunes qui ont pris pour habitude d'évoluer dans un contexte où l'espoir se meurt.

La culture de la mort du rap actuel est la bande-son de toute une génération perdue et abattue n'ayant probablement plus aucun espoir. Le message de désillusion et de noirceur diffusé par les rappeurs issus des milieux sociaux les plus glauques a dépassé les frontières des quartiers pour atteindre une masse qui se retrouve elle aussi atteinte de dépression et d'une crise humaine importante. Le tabou de la dépression qui touchait les jeunes banlieusards se ressent désormais globalement, dans tous les milieux sociaux occidentaux. L'obsession de l'argent n'est que le point culminant visant à mettre en avant le manque de substance et de profondeur que la jeunesse expérimente aujourd'hui. Cet amour pour le matériel est vide, mais ils préfèrent se noyer dans cet attrait pour le financier plutôt que de mourir dans le néant le plus total. Ainsi, les plus jeunes n'existent uniquement plus que par le matérialisme et le physique puisque la substance et la profondeur pourrissent au fond des cœurs. Les couplets témoignant des guerres de gangs rappées par Chief Keef, ou la sombre vision du monde décrite par Kalash Criminel nous sont devenus familiers. Bien que nous n'ayons pas tous évolué dans la sphère du ghetto, nous nous comprenons, car les mêmes codes de violence qui marquent la banlieue sont ceux que nous voyons tous les jours, à la télévision, dans les journaux, dans les magazines, et surtout, dans les rues à travers la misère sociale des SDF, des travailleurs précaires, des familles immigrées dormant dans la rue, des retraités presque sans ressource et de l'explosion du racisme. Les rappeurs de notre ère ne font que décrire l'horreur dont ils sont témoins, soit la rupture de la morale, le vieillissement moral d'une population pourtant de plus en plus jeune qui se détruit dans les drogues, l'alcool et la débauche sexuelle afin de combler une misère profonde. Les paroles qu'ils avancent sont laides et brutales, mais pourtant réelles, car traitant de la monstruosité de notre expérience. En 2019, la Mort n'aura jamais été aussi présente. La brutalité de la guerre, des attentats, les crises sociales et humanitaires n'auront jamais été aussi grandes. Face à ces troubles constants que nous ne maîtrisons pas, nous ne savons plus où est notre place. Comme pour le parcours de nos vies, nous sommes accablés par l'échec et le poids de la violence que nous sommes forcés de porter sur nos épaules. Nous sommes même incapables d'assurer un futur stable à nos enfants dès lors que ces crises mondiales nous renvoient automatiquement à notre incapacité, donc à nos échecs constants. Ainsi, à la destruction du monde se confronte notre propre existence. Le rap est devenu ce canal de divertissement qui encourage une jeunesse abattue à consommer sa folie dans l'insouciance, mais il est aussi cette musique qui rassemble, car décrivant les sentiments les plus ambigus et tristes qui touchent les âmes quant à la désolation des esprits. Le rap n'a donc jamais été mieux avant, la réalité est simplement devenue plus laide.

Exploitation de la culture des banlieues

L'explosion du rap français, aujourd'hui devenu le style musical le plus populaire, rivalisant avec la variété, n'aurait jamais pu s'accomplir sans l'implication des autres branches de l'industrie française. La culture des banlieues autrefois bannie et jugée brutale, est devenue la nouvelle source d'exotisme des réalisateurs, producteurs, cinéastes, essayistes, théoriciens blancs en mal de sensations étrangères. À la vision paternaliste politique du Blanc mondialiste ouvert au banlieusard le plus démuni, soit celle du Blanc sauveur, s'ajoute celle de l'infantilisation et d'exotisme.

Cette exploitation pourrait être comparable à celle des touristes européens curieux de la vie africaine et demandant à visiter les endroits les plus pauvres. Dans sa domination politique et sociale, l'Occidental semble être à la

recherche d'authenticité et trouve son
excitation dans la plongée au cœur de la
vie des plus démunis. Ceux-ci sont
regardés, étudiés, mais maintenus
sciemment dans leur condition sociale
destructrice. Les médias français
spécialisés dans le rap sont devenus des
instruments destructeurs maintenant le
plus pauvre dans sa bassesse. Mais le
banlieusard ne le voit pas ainsi. Victime de
chocs successifs, il trouve en celui qui lui
tend la main un ami, lui octroyant des

miettes de valeur. Cet ami s'avère être une sangsue qui exploite son talent pour le mettre à son service et à celui de la destruction. Toutefois, tous les « raps » ne sont pas promus de la même manière. Dans cet apartheid culturel et postcolonial français, seul le rap du crime est porté au sommet. Pourtant, il y a près de vingt ans, les maisons de disques s'adonnaient à la censure comme en attestent les titres *Hard Core* d'Ideal J, *Pour Ceux* de la Mafia K1fry ou encore *Le Crime Paie* de Lunatic pour leur trop grande violence. Dans cette France de la fin des années 1990, les journalistes cachaient méticuleusement toute manifestation de la crise sociale des cités. Cependant, la France est devenue le marché du rap le plus important à travers l'exploitation de la même violence censurée une vingtaine d'années plus tôt.

Le collectif Ideal J, bien que porté sur le capitalisme primaire, à l'image du titre *Pour Une Poignée de Dollars*, fut censuré par le passé pour ses paroles bien trop explicites. En vérité, le véritable problème ne prenait pas racine dans leur goût prononcé pour l'argent et le crime, mais dans la contradiction que les membres représentaient. Ces derniers ont été parmi les premiers rappeurs underground à avoir mis la colonisation en relation avec l'état de leur condition déplorable. Si diffusées en masse, leurs chansons auraient pu occasionner une source de rébellion ou de prise de conscience dans toutes les banlieues. Toutefois, si le rap de la décennie 2010 est porté sur la bassesse, il est dépourvu, dans sa majorité, de messages politiques forts. Cependant, les artistes ne portent plus le poids de la censure sur leurs épaules. Les chansons sont diffusées bien plus facilement grâce à l'ère du streaming et d'internet, le quatrième média et les rappeurs davantage acclamés. Or le message est non seulement destructeur, mais surtout le reflet d'une mort spirituelle auprès des jeunes générations. À la crise sociale des banlieues, s'ajoute le désenchantement. Cet attrait pour la culture de la mort est un horrible témoignage de la douleur expérimentée par ces jeunes dépouillés et n'ayant plus aucun espoir.

Conclusion

Puisque la banlieue est l'espace des bannis, l'identité des banlieusards est non seulement faite de bribes, mais aussi déstructurée, voire inexistante. Les individus sont donc déracinés et ignorent leur culture d'origine. Ils évoluent en s'imprégnant d'autres cultures africaines des cités, elles-mêmes fracturées. Sans attaches véritables. On s'inspire d'une culture puis d'une autre créant un mélange improbable. Le rap, comme toute autre forme "culturelle" représente une invention pour survivre dans un espace de dépouillés. La popularité du rap français est non seulement liée au talent de ses artistes, mais surtout à l'exploitation de médias français blancs à tendance socialiste et négrophiles. Ces journalistes n'ont aucun scrupule à s'enrichir par le biais des plus démunis défendant une culture -celle du rap- bien que conscients que celui-ci naît dans un milieu de

bannissement. *Les Inrocks, Skyrock, Le Mouv,
l'ABCDr du Son* et bien d'autres médias
spécialisés dans la culture des pauvres et
des bannis favorisent l'exploitation des
banlieusards et de leur souffrance pour
leur propre profit. Il s'agit là de médias
hypocrites feignant de représenter et de
donner la voix aux individus exclus. En
vérité, ces structures s'inscrivent dans
une lignée socialiste et donc paternaliste.
À leurs yeux, l'immigré demeure un être à
l'intelligence amoindrie, incapable de

pouvoir s'exprimer par lui-même et ayant besoin d'une assistance permanente. Victime du rejet et de la plus grande forme de racisme, le banlieusard indigène ignore le double jeu de la main tendue.

Pourtant, il s'agit d'une tactique de manipulation néocoloniale classique et d'une proximité de façade. Cette assistance permanente vise à infantiliser le banlieusard, perçu comme un Nègre bon pour le divertissement et à la condition tragique. On encourage alors ce dernier à se meurtrir dans sa dysfonction, à adopter un discours victimaire improbable. Le Noir des banlieues, s'il veut s'en sortir doit s'inscrire dans une lignée paternaliste devant être validée par la gauche. Il est alors pris au piège dans une société d'apartheid culturelle où les Blancs prospères et leurs médias demeurent les ultimes tireurs de ficelles. Le banlieusard est le nouveau bouffon du roi. Les médias gauchistes exploitent le talent de ces jeunes sans pour autant chercher à les sortir de leur condition. Si le rap des années 2010 marqué par la quête de l'argent par le biais de la drogue est devenu populaire, aucun de ses médias et artistes blancs n'ose parler des ravages de la violence dans les banlieues. Qu'en est-il du silence des réalités ?

QUELLE REALITÉ ?

Si le Blanc de droite, bien que mondialiste, demeure malgré tout attaché aux valeurs de l'État-nation, il est présenté comme l'ennemi, soit l'antithèse du Blanc de gauche, faussement rebelle, mais tout aussi paternaliste et méprisant des Noirs de banlieues. En effet, les représentants officiels du rap français ont été, depuis l'importation du genre en France, des Blancs issus des beaux quartiers à l'image

105

de Valou, d'Olivier Cachin, de Fred Musa ou de sous-philosophes du rap friands de BFM TV. Les *Inrocks*, *Skyrock*, le *Mouv* et bien d'autres médias urbains spécialisés dans la culture des pauvres favorisent l'exploitation de la souffrance des banlieusards pour leur propre profit. Il s'agit là de médias hypocrites feignant de représenter et de donner de la visibilité aux fils d'immigrés. En vérité, ces médias sont dans une lignée socialiste et donc paternaliste. Ils sont les assistants des banlieusards. L'indigène des cités ignore le double jeu de la main tendue. Il voit en ces médias des sources sûres. Pourtant, il s'agit d'une tactique de manipulation néocoloniale classique et d'une fausse proximité. Il y a un racisme de classe, de race au spectre colonial encore présent en France, et le négrophile est celui qui le représente le mieux. L'arrogance de son vécu lui octroie le droit de s'exprimer à la place de l'indigène. Puisque le négrophile a eu des relations physiques avec un(e)

Noir(e), ayant construit une famille avec cette communauté, il se croit plus connaisseur que le Noir lui-même et ses remarques racistes seront défendues par les Noirs, eux-mêmes.